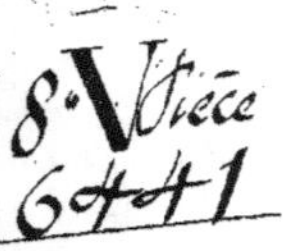

BIBLIOTHÈQUE ARTISTIQUE

GUIDE

DU

PEINTRE COLORISTE

COMPRENANT

L'ENLUMINAGE DES GRAVURES ET LITHOGRAPHIES

LE COLORIS DU DAGUERRÉOTYPE

DES VUES SUR VERRE POUR STÉRÉOSCOPE

ET RETOUCHES DE LA PHOTOGRAPHIE A L'AQUARELLE

A LA GOUACHE ET A L'HUILE

PAR CASIMIR LEFEBVRE

ARTISTE PEINTRE

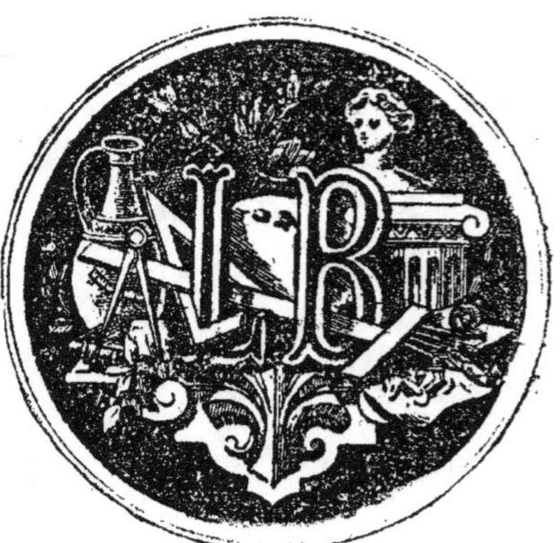

PARIS. — LE BAILLY, ÉDITEUR

LIBRAIRIE ARTISTIQUE

15, RUE DE TOURNON, 15

GUIDE

DU

PEINTRE-COLORISTE

Propriété exclusive pour la France et l'étranger

———————

GUIDE

DU

PEINTRE-COLORISTE

COMPRENANT

L'ENLUMINAGE DES GRAVURES ET LITHOGRAPHIES
LE COLORIS DU DAGUERRÉOTYPE, DES VUES SUR VERRE

POUR

STÉRÉOSCOPE

ET

LA RETOUCHE DE LA PHOTOGRAPHIE

A L'AQUARELLE, LA GOUACHE ET A L'HUILE

Par CASIMIR-LEFEBVRE

ARTISTE PEINTRE

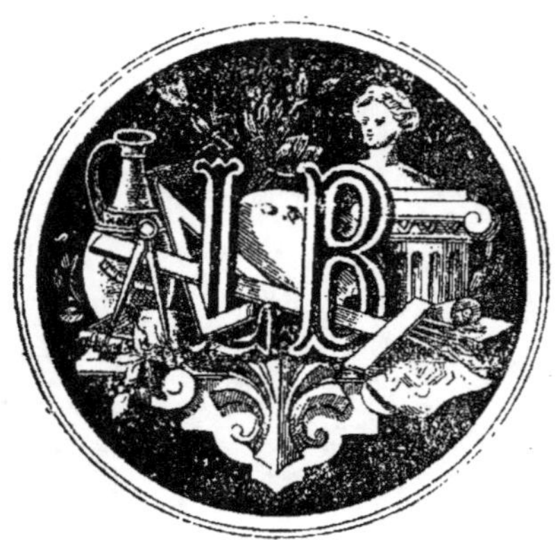

PARIS

LE BAILLY, LIBRAIRIE ARTISTIQUE

15, RUE DE TOURNON, 15.

GUIDE

DU

PEINTRE-COLORISTE

CHAPITRE PREMIER

DU COLORIS

des Gravures et des Lithographies

Le coloris des gravures et des lithographies, si on veut le pousser à son plus haut degré de perfection, nécessite une enluminure faite d'une manière tout à fait artistique, qui conserve l'harmonie et le dessin, et, de cette façon, se rapproche des règles de l'art.

Le coloris a besoin de quelques études qui, sans être difficiles, demandent de l'attention et du goût; la pratique que l'on acquiert chaque jour fait que, ce travail devenant habitude, on sé trouve facilement entraîné à se créer le sentiment de l'effet, l'harmonie des couleurs, qualités nécessaires pour faire un bon coloriste.

Les gravures et les lithographies s'impriment généralement sur du papier sans colle, ce que l'on reconnaît en mouillant avec la langue l'estampe que l'on veut colorier. Si elle reçoit la salive sans qu'elle perce de l'autre côté, e'est que le papier est encollé ; si le contraire a lieu, alors il faut lui faire subir un encollage dont voici la recette :

Eau,	1 litre 1/2.
Colle de Flandre,	24 grammes.
Alun de roche,	48 —
Savon blanc,	8 —

Cet encollage doit être blanc et transparent ; on le passe à travers un linge. Voici la manière de le faire :

Dans un 1/2 litre d'eau vous mettez dans un vase la colle de Flandre brisée par petits morceaux, puis vous faites chauffer jusqu'à ébullition en ayant soin de remuer de temps en temps. Cette opération terminée, vous versez votre liquide dans un autre vase ; vous faites chauffer de nouveau dans la même quantité d'eau l'alun de roche ; vous remuez jusqu'à complète dissolution ; vous versez cette deuxième préparation dans le vase qui a reçu la première ; vous faites chauffer encore jusqu'à ébullition, toujours dans la même quantité d'eau, le savon blanc coupé en morceaux très minces ; vous remuez afin que le mélange s'opère plus facilement, et vous filtrez le tout mélangé à travers un linge. Chaque fois que vous voudrez vous servir de l'encollage, il sera nécessaire de le mettre un instant sur le feu.

Pour encoller le papier, l'on se sert d'un large pinceau appelé *queue de morue*, puis on pose ses gravures les unes sur les autres, et l'on passe d'abord sur le côté imprimé le pinceau trempé dans la colle ; on retourne l'image et on en fait autant sur l'envers ; vous l'enlevez et vous recommencez sur une autre, et ainsi de suite. Les uns les mettent sécher en les étalant sur des serviettes ; mais il est préférable, sous tous les rapports, de les suspendre par les deux angles à une corde, au moyen d'épingles de blanchisseuses. Quand elles sont sèches, ou à peu près, vous les remettez les unes sur les autres ; alors là commence le travail du coloriste.

Pour rendre ce travail plus facile et aussi plus convenable, il faut tendre la gravure sur une planchette à dessin ou sur une feuille de *carton-pâte* un peu fort. Pour la tendre, vous passez sur le côté imprimé une éponge trempée dans l'eau, purement et simplement, jusqu'à ce qu'elle soit bien imbibée ; vous passez sous ses bords de la colle à bouche, ou bien, si vous le préférez de la gomme arabique fondue, environ 2 à 3 centimètres de largeur et, en rabattant, vous passez l'ongle sur les bords collés en mettant, pour plus de sûreté et de propreté, une feuille de papier sous le frottement que vous exercez.

Les couleurs dont on se sert pour l'aquarelle sont en tablettes sèches, godets ou tubes moites.

Je crois devoir conseiller l'emploi des couleurs anglaises : celles en godets et en tubes se conservent indéfiniment à l'état de moiteur, et donnent des tons plus brillants que les tablettes (1).

(1) Ces couleurs se trouvent chez tous les marchands de couleurs fines.

Voici la nomenclature des couleurs qui doivent composer la palette du coloriste :

Jaune de Naples.	Naples yellow.
Jaune de chrome clair.	Chrôme yellow.
Ocre jaune.	Yellow ochre.
Gomme-gutte.	Gamboge.
Sienne naturelle.	Raw sienna.
Sienne brûlée.	Burnt sienna
Stil de grain brun.	Brown pink.
Rouge de Saturne.	Red lead.
Vermillon de Chine.	Vermillon.
Ocre rouge.	Red ochre.
Laque carminée.	Crimson lake.
Carmin.	Carmine.
Brun de Vandyck.	Vandyck Brown.
Bleu de cobalt.	Cobalt blue.
Bleu cœruleum.	Cœruleum.
Bleu de Prusse.	Prussian blue.
Outremer français.	French ultra.
Indigo.	Indigo.
Payne-fixe ou gris de Payne	Payne's gray.
Noir de bougie.	Lamp black.
Vert émeraude.	Emerald green.
Vert végétal.	Sap green.
Terre d'ombre naturelle.	Raw umber.
Terre d'ombre brûlée.	Burnt umber.
Sépia colorée.	Warm sepia.

Les couleurs de gouache, dont il est nécessaire de faire usage, se vendent toutes préparées; deux seulement sont indispensables, ce sont le blanc et le jaune de chrome; vous pouvez les préparez vous-mêmes si vous le désirez, en broyant sur une glace dépolie, avec une molette en verre, vos couleurs à l'eau délayées avec quelques gouttes de gomme arabique fondue à l'état de sirop; vous ramassez ensuite la couleur avec un couteau en corne, sans cela le jaune deviendrait vert.

Les pinceaux sont les mêmes que pour l'aquarelle; ils sont en petit-gris et en martre; ceux en petit-gris servent à colorier; il faut en avoir de plusieurs grosseurs, un peu fournis, assez longs, peu de ventre et formant bien la pointe; l'on reconnaît leur qualité en les trempant dans l'eau, puis en les tapant un peu fortement sur le bord du verre. S'ils forment la pointe, c'est qu'ils sont bons. Ceux en martre sont utiles pour rehausser, c'est-à-dire pour raviver les détails et les traits fins, attendu que, par la nature du poil dont ils sont fabriqués, ils ont plus de fermeté. Il est utile d'avoir deux pinceaux à chaque ente.

Quand une épreuve est trop noire et qu'elle refuse la couleur, ce qui est causé par excès d'encre d'impression, il faut passer dessus une éponge fine imbibée d'eau salée ou de fiel.

La lithographie est le genre qui se prête le mieux au coloris. Il faut la prendre de préférence pâle, attendu qu'elle vous donnera un coloris beaucoup plus frais; tandis que, si elle était noire, elle vous donnerait des tons lourds et ternes. Dans ce cas-là, il faut mêler un peu de blanc de gouache aux couleurs, en ayant soin de faire ce mélange à tous les tons que vous emploierez pour les retouches, les grandes vigueurs exceptées.

Avant de commencer à colorier, il faut examiner attentivement son modèle, bien se rendre compte des moyens à employer pour en obtenir l'effet. Si vous coloriez d'imagination, il faut d'abord chercher à comprendre le sujet à colorier, raisonner les tons que l'on veut placer les uns à côté des autres, et étudier surtout la perspective aérienne, qui malheureusement est souvent trop négligée par les coloristes.

L'on doit toujours commencer le coloris d'une épreuve par l'objet principal qui doit donner l'effet : la figure, si c'est un sujet de genre; le ciel, si c'est un paysage ou une marine, et toujours en commençant par les tons les plus clairs, ayant soin de réserver les blancs ; ceux que l'on ne peut s'empêcher de couvrir se reprennent avec de la gouache.

La couleur doit être employée bien délayée et pas trop épaisse, afin qu'elle soit transparente, et d'un ton toujours soutenu, pâlissant lorsqu'elle sèche. Elle doit être appliquée franchement; car, si vous remuiez dessus, cela formerait des taches qu'il vous serait presque impossible d'effacer. Il faut aussi suivre les contours exactement. Quand une couleur n'est pas du ton que vous désirez, vous pouvez l'enlever très légèrement avec un pinceau pour ne pas égratigner l'épiderme du papier. Comme vous avez eu soin de mettre à votre ente deux pinceaux, un seul doit servir à la couleur; l'autre imbibé d'eau, dont vous retirez l'excédent en le pressant avec un chiffon, sert à fondre les teintes qui se dégradent ou qui, changeant de nuances, prennent le nom de *tons rompus*. Dans les grandes teintes, lorsqu'il se trouve des parties claires, on peut les détacher au moyen d'un pinceau sec et, pendant que la couleur est encore humide, frotter avec un mouchoir sur la partie humectée ; les blancs des linges, des étoffes et des autres objets se rattrapent avec la gouache, de même que les ors, les perles et les pierreries. La gouache doit être mise en épaisseur. L'on se sert donc comme *ficelles* de l'éponge, du mouchoir, du canif, du grattoir, de la gouache et de la gomme ; dans une eau tranquille, par exemple, toutes les parties brillantes s'obtiennent par le mouchoir ; les sillons causés par le mouvement de l'eau s'enlèvent au moyen du canif ; toutes les parties mousseuses ou scintillantes se font de même avec le canif ou le grattoir. Il est utile d'opérer par principes, et de suivre une marche raisonnée pour bien colorier. Je vais en indiquer la meilleure.

Commencez par composer une teinte d'indigo et de sépia en y ajoutant un peu de laque carminée pour qu'elle soit moins froide, et vous en couvrez sans exception toutes les parties d'ombre ; vous prenez ensuite la couleur convenable et légère pour chaque partie ; elle doit être fondue dans les ombres ; puis vous revenez sur les ombres et, pour les retouches, que l'on doit mettre avec un goût artistique, vous passez dessus des glacis ; vous terminez par les gouaches et la gomme arabique.

La gomme arabique est d'un excellent usage pour le coloris ; elle donne de la vigueur et de la transparence aux parties ombrées ; elle demande à être posée avec sentiment et sans abus.

Les ombres fortes se couvrent avec de la gomme

pure (1). Quand ces parties sont sèches, on reprend de la gomme étendue d'eau, et l'on passe avec légèreté vivement, ou pour mieux dire en glaçant, le ventre du pinceau sur toutes les parties ombrées de l'épreuve coloriée.

Les tons ne doivent jamais être employés purs. Il faut toujours les mélanger ; sans cela, vous n'obtenez que des couleurs froides, criardes, qui choquent l'œil, et par conséquent sont contraires à l'harmonie.

La perspective aérienne est un grand point à observer dans le coloris ; car, comme je l'ai déjà dit plus haut, les coloristes la négligent beaucoup trop. La perspective aérienne consiste dans la différence des tons qui, étant vigoureux aux premiers plans, d'une teinte franche et accentuée, prennent, par leur éloignement, un ton plus doux, plus bleuâtre, en un mot plus vaporeux ; car l'air a une épaisseur, et cette épaisseur, l'on a dû le remarquer, semble jeter sur les objets un voile transparent qui donne aux formes, selon leur éloignement, un *flou* plus ou moins prononcé, et constitue la perspective aérienne, chose indispensable à observer dans le coloris.

Un ciel, par exemple, doit être plus pâle à l'horizon qu'au premier plan ; de même, l'eau finit par se fondre dans le ciel. Si le sujet représente une marine, ses côtes au loin doivent être d'un ton bleuâtre et, lorsqu'il y a coucher de soleil, elles doivent être violacées.

(1) Faire fondre dans l'eau froide deux tiers de gomme arabique en poudre et un tiers de sucre candi blanc, en y ajoutant un peu d'esprit-de-vin

Voici maintenant les tons et mélanges à employer dans les différentes sortes de sujets à colorier. Je les ai classés afin d'être bien compris, sans avoir recours à une infinité de phrases entrecoupant l'instruction et embrouillant les idées plutôt que d'aider à leur développement.

Couleur chair

Gomme-gutte et rouge de Saturne, avec une pointe de laque rose.

Les lèvres, les carnations et articulations, avec le carmin et le rouge de Saturne.

Le dessous des yeux, les bords des cheveux et les veines, bleu de cobalt.

Les ombres, avec l'ocre rouge.

Les reflets de la peau, avec la sienne brûlée.

Les teints bruns, avec l'ocre jaune, la sienne brûlée et un peu de rouge de Saturne, additionnés d'une pointe de brun de Vandyck. Quand un ton chair se trouve dans l'ombre, on le prépare d'abord avec un ton composé de brun de Vandyck, d'indigo et de laque carminée, puis l'on revient dans les parties foncées avec les mêmes couleurs.

Cheveux

Les cheveux noirs se préparent avec le payne-fixe et un peu de laque. L'indigo, la sienne brûlée et la laque servent pour les ombres.

Les cheveux blonds, avec la sienne naturelle et un peu de terre d'ombre. Les ombres se font avec du brun de Vandyck, rompu par une pointe de sépia colorée.

Les cheveux châtains nécessitent l'emploi de la terre de sienne brûlée et de la terre d'ombre brûlée ; les ombres s'accentuent avec le brun de Vandyck.

Les cheveux gris s'obtiennent à l'aide de l'indigo, du payne-fixe et du cobalt ; l'indigo, la sépia et la laque en très petite quantité forment la base des ombres.

Intérieurs

Dans les intérieurs et dans les sujets de genre, l'on doit préparer toutes les parties d'ombre avec une teinte d'indigo, de laque et de brun de Vandyck ; puis l'on revient une seconde fois, en exceptant, bien entendu, les figures placées dans la lumière, Il faut aussi avoir soin de n'employer que des tons légers et transparents pour pouvoir poser dessus, avec effet, des glacis de sienne brûlée.

Les fonds d'appartements ou de sujets prennent généralement un ton qui se compose de terre d'ombre naturelle, de sienne brûlée ou de sépia pour les bruns-clairs ; d'ocre rouge, d'indigo et de sépia colorée pour les bruns foncés. Les boiseries, ou galandages, se font avec de l'ocre rouge et de la sienne brûlée, quelquefois même avec de l'indigo. Les ombres se mettent avec de la terre d'ombre brûlée.

Les meubles se plaquent avec de la sienne brûlée, ou bien encore du payne-fixe, de la sépia et de la laque. Le gris se fait avec la laque et l'indigo.

Les carreaux de vitres se font avec du cobalt et de la sienne brûlée ; pour les ombres, on prend une pointe de vert minéral.

Plein air

Les ciels se font avec le bleu de Prusse et le cobalt mélangés intimement.

L'eau s'obtient avec l'outremer et une pointe de vert végétal.

Les côtes se nuancent avec le bleu de cobalt.

Les terrains : premier plan avec la sienne brûlée et la terre d'ombre brûlée ; deuxième plan, avec la sienne naturelle ; les ombres, brun de Vandyck ou sienne brûlée.

Colorations diverses

Les plus beaux verts se font avec le bleu de Prusse et la gomme-gutte et une pointe de laque ; les ombres, avec les mêmes couleurs, en ajoutant de la sienne brûlée.

Le violet : carmin et cobalt ; mêmes couleurs pour les ombres, en y ajoutant du bleu de Prusse ou de l'indigo.

Le jaune : ocre jaune ou gomme-gutte ou jaune de chrome ; sienne brûlée et laque pour les ombres.

Les roses : laques roses carminées, ou carmin mélangé

de blanc d'argent ; les ombres : carmin ou laque, avec une pointe de cobalt.

Les pourpres : carmin et une pointe d'indigo ; en y ajoutant un peu de sépia, l'on obtient le ton d'ombre.

Le vert brillant : cendre verte ; l'ombre : payne-fixe et brun de Vandick.

Le rouge mat : vermillon ; pour les ombres, on ajoute du carmin.

Le gris : indigo et cobalt ; pour les ombres, mêmes couleurs mélangées avec la laque.

La sépia colorée sert pour les retouches vigoureuses ; dans les ombres, l'on passe toujours un glacis de sienne brûlée.

Les demi-teintes du linge se préparent avec de l'indigo et un peu de brun de Vandyck.

L'or se prépare avec la gomme-gutte et l'ocre jaune ; la sienne brûlée pour les ombres.

L'argent : indigo, payne-fixe ; les lumières : cobalt et blanc d'argent, en épaisseur ; les ombres : payne-fixe et un peu de bleu de Prusse.

Le fer : indigo et cobalt.

Manière de procéder

Lorsque l'on commence à colorier un sujet représentant une marine ou un paysage, il faut toujours débuter par le ciel en s'y prenant de cette manière :

Vous tournez votre estampe du haut en bas ; puis, après

avoir délayé préalablement votre couleur dans un godet assez grand, vous humectez avec de l'eau la ligne d'horizon et, prenant un pinceau assez gros, vous posez votre couleur horizontalement à partir de votre ligne imbibée d'eau en tenant votre dessin incliné vers vous, de façon que l'excès de couleur descende graduellement. Le haut de votre ciel sera ainsi plus foncé, puisqu'il forme le premier plan. Le ciel fait, vous passez à l'ébauche des terrains, des maisons, des arbres et des ombres, avec un ton composé de payne-fixe et de laque carminée. Il ne faut pas revenir sur les nuages orageux, qui demandent à être arrêtés et franchement exécutés. Les ciels sont ce qu'il y a de plus difficile à faire dans le coloris : ils demandent de la promptitude, que l'on n'acquiert qu'à force de travailler.

Les fonds s'ébauchent de la même manière que les ciels.

L'horizon étant naturellement plus clair, il faut aussi lui donner un ton plus chaud prêtant de la lumière au paysage, et simulant à l'œil l'espace qui se trouve nécessairement au delà des *fonds*, quels qu'ils soient. Généralement l'on emploie, pour cet effet, l'ocre jaune et la gomme-gutte. Lorsque le dessin représente un soleil couchant, l'on ajoute à ces couleurs du rouge de Saturne et un peu de laque rose. Si l'on a des tons vaporeux à rendre, tels que des effets de brume, il faut passer sur ces parties un glacis composé d'indigo, de cobalt et de laque carminée.

Les feuillages des arbres et les verdures du premier

plan se composent de gomme-gutte et de bleu de Prusse; les ombres se font avec l'indigo, la gomme-gutte et la sépia colorée.

Les arbres plus éloignés se font avec le vert végétal additionné d'un peu de sienne brûlée; ceux qui se trouvent tout à fait dans l'éloignement et qui, par conséquent, appartiennent à la perspective aérienne, doivent être généralement bleuâtres, et s'obtiennent avec le vert végétal, en petite quantité, mélangé de bleu de Prusse (environ deux fois la valeur du vert employé); l'on peut même y ajouter un peu de laque carminée pour rompre la crudité du ton.

Les troncs d'arbres se colorient selon l'espèce à laquelle ils appartiennent. Il en est de même pour les feuillages. Ainsi, par exemple, le hêtre possède un feuillage vert assez doux à l'œil; son bois, gris clair à la surface, est marqué de taches noires et carrées, et se fait avec l'indigo ou du payne-fixe seul. L'orme et le marronnier ont un feuillage plus cru, c'est-à-dire d'un vert foncé, presque noir dans les ombres. L'écorce de ces arbres se fait avec de la sienne brûlée et de l'indigo; l'ombre, avec le brun de Vandyck, la terre d'ombre brûlée et un peu de vermillon.

Le bouleau et le peuplier du Canada, connu plus vulgairement sous le nom de tremble, ont un feuillage vert cendré. L'écorce se fait avec le cobalt mélangé de noir de bougie; on y ajoute quelques petites lumières chinées avec du blanc de gouache.

Si le paysage que vous coloriez représente l'automne, il faut ajouter, dans la couleur du feuillage, une quantité notable de sienne brûlée, pour les hêtres et les bouleaux, et même employer cette couleur pure; les ombres s'obtiennent avec du brun de Vandyck et de la sépia colorée. Ces couleurs bien entendu ne s'emploient que pour les premiers plans; les autres plans se traitent comme il est indiqué plus haut.

L'eau, dans la perspective, se fait avec le cobalt seul. La réflexion des objets dans l'eau se travaille avec les tons mêmes de ces objets.

Lorsqu'il y a changement de ton, il faut le former de suite et dégrader chaque nuance l'une dans l'autre en employant la couleur très humide.

Si les objets qui se trouvent dans le tableau reçoivent les reflets d'un soleil couchant, il faut passer sur ces reflets une teinte légère de gomme-gutte et de rouge de Saturne.

Les effets de lune s'ébauchent, dans les ombres, avec le payne-fixe et la sépia colorée; les terrains et les bois se font avec le brun de Vandyck mélangé de bleu de Prusse et les autres teintes avec l'indigo et le cobalt.

Pour donner plus de compréhension au lecteur, il fallait non seulement l'initier aux détails les plus intimes de l'art qui constitue le coloris, mais encore lui faciliter cet enseignement par des exemples le mettant à la portée de travailler avec plus d'assurance, et par cela même d'arriver promptement à un résultat satisfaisant.

CHAPITRE II

Coloris du daguerréotype sur plaque
et sur verre

Ce coloris s'exécute avec des couleurs spéciales et à sec, c'est-à-dire réduites en poudre impalpable qui, appliquées sur les images daguerriennes au moyen de petits pinceaux en putois, petit-gris et martre, fabriqués généralement pour ce genre, donnent à ces épreuves l'aspect de la miniature. Pour colorier le daguerréotype, il faut, de préférence, choisir ses épreuves vigoureuses et fortement accentuées, les épreuves solarisées (blanches) ne pouvant d'abord que se colorier très difficilement, puis donnant toujours dans les chairs des tons couleur brique, et, de plus, placardés. Les épreuves vigoureuses donneront toujours plus d'éclat; cependant il ne faudrait pas tomber dans l'exagération; car une épreuve par trop noire finit par donner des tons trop lourds, et ne peut être coloriée proprement. Il en est de même d'une épreuve mercurée, c'est-à-dire que l'image daguerrienne, qui n'apparaît que sous l'influence des vapeurs du mercure, ayant été laissée plus que le temps nécessaire à l'action de volatilisation de ce métal, les parties noires plus ou moins frappées par la lumière relativement aux parties blanches prennent un ton d'un gris bleuâtre et quelquefois d'un bleu assez prononcé. L'on peut parer à cet inconvénient avant que l'épreuve ne soit fixée, au moyen d'un pinceau en putois qui vous sert à enlever l'excès de mercure empiétant et dénaturant les formes que le daguerréotype sait si bien reproduire. Cette opération doit être faite après le désiodage de la plaque et recouverte d'eau seulement.

Les couleurs employées pour ce coloris doivent être, comme je l'ai déjà dit, d'une qualité supérieure, et rendues impalpables. Quoique beaucoup de coloristes les apprêtent eux-mêmes, peu sont arrivés à leur donner toute l'adhérence et la fraîcheur désirables; il en est même qui se sont appliqués à créer une palette qu'il est préférable d'adopter, car la préparation de ces couleurs consiste plutôt dans le broyage qui tend à leur donner une plus grande affinité que dans les produits qui peuvent y entrer. Aussi je n'hésite pas à conseiller à ceux qui veulent colorier le daguerréotype d'acheter leurs couleurs toutes préparées, au lieu de passer un temps précieux à cette préparation, qui, au résumé, leur revient plus cher. Cependant je crois utile ici de donner quelques notions sur cette préparation.

Vous prenez un assortiment de couleurs fines en poudre, les mêmes que l'on emploie pour la gouache, puis, avec une molette de verre sur une glace dépolie, vous mettez votre couleur avec un couteau à palette en corne (le fer décomposant certaines couleurs par son oxyde); vous broyez avec de l'eau seulement; lorsque votre couleur est sèche, vous l'écrasez, puis la rebroyez de nouveau; enfin, étant sèche une deuxième fois, vous l'écrasez à sec encore, puis la rebroyez toujours avec de l'eau. Ces broyages terminés, vous jetez votre couleur dans un petit vase contenant un peu d'eau, cependant en quantité assez suffisante pour recouvrir la couleur, et vous laissez reposer. Lorsque le dépôt s'est fait au fond du vase, vous décantez et laissez sécher; c'est cette couleur qui, étant écrasée lorsqu'elle est sèche, est bonne à employer.

Les couleurs chair se font avec le carmin, le cadmium, le blanc et un peu de terre d'Italie brûlée. Le cadmium peut se remplacer par le jaune de chrome foncé. Ce ton doit toujours être préparé plus foncé en apparence; il est facile de se rendre compte de ses tons en les essayant lorsqu'on les compose, sur une plaque ayant subi l'opération du daguerréotype.

L'ombre des chairs se fait avec la terre d'Italie brûlée et addition de carmin.

Les carnations se font avec le carmin pur.

Les roses se font avec la laque rose ou avec le carmin et le blanc; ce dernier se rapproche du cerise.

Le bleu foncé avec le bleu de Berlin.

Le bleu clair avec le bleu de Berlin et blanc d'argent.

Le vert avec le vert chrome.

Le violet foncé, bleu de Berlin et carmin.

Le violet clair, bleu de Berlin, carmin et blanc.

Le jaune, avec le cadmium, ou encore jaune de chrome foncé ou clair, selon l'intensité du ton que l'on désire; en général ces couleurs peuvent se mélanger ; l'expérience seule fait connaître le parti que l'on peut tirer des différents tons.

Pour appliquer la couleur sur votre épreuve, vous prenez un pinceau en petit-gris, d'une petite dimension, puis, prenant de la couleur qui vous est nécessaire, vous l'appliquez en tapotant délicatement, et frottant d'une façon extrèmement légère, afin de bien égaliser votre couleur.

Avant de poser la couleur sur la plaque, il faut en mettre une petite quantité sur un carton blanc un peu grenu, et c'est sur cette espèce de palette que vous prenez la couleur qui doit être apposée sur l'épreuve.

Pour donner plus de compréhension, nous allons suivre théoriquement le coloris d'un portrait daguerrien, ce à quoi se résume à peu près ce genre de peinture.

Vous commencez d'abord par donner un glacis de carmin sur les ombres de la figure et des mains, puis vous accentuez sur les articulations des doigts, le bas des oreilles et le bord interne des narines. Cette ébauche terminée, vous *hâlez* sur la plaque afin de donner de la fixité à votre couleur; puis, avec un petit pinceau en putois, vous prenez du carmin et le passez vigoureusement sur les pommettes ainsi que sur les lèvres. Ensuite, posez le ton d'ombre indiqué plus haut. Vos ombres placées, vous prenez un ton de chair locale que vous mettez sur les plus grandes parties, telles que le front, le nez, la figure, en fondant le carmin des joues et des mains. Quand ceci est fini, vous placez vos lumières en les posant légèrement à leurs places respectives et en hâlant dessus chaque fois que vous placez vos couleurs.

Les lumières se mettent à la partie supérieure de l'os frontal, sur le bout du nez, le coin des narines, la partie saillante de la pommette de chaque joue, le menton et la surface des doigts; le long des cheveux doit être un peu bleuâtre; les tempes doivent être un peu violacées; les yeux ne doivent pas être touchés, parce que l'on risquerait de les voiler, et par cela même ôter la ressemblance. Toutefois, il est facile de donner une teinte à la prunelle, s'il est absolument nécessaire, au moyen d'un petit pinceau en martre.

Pour nettoyer les contours du portrait et lui rendre toute sa netteté, vous frottez légèrement les contours extérieurs avec un pinceau à plume en putois et court de poil; pour dégager les yeux, vous prenez un petit pinceau plat en martre.

On doit éviter autant que possible de faire des fonds; cependant ils sont utiles lorsque les fonds des plaques sont défectueux. Les couleurs pour fonds doivent se poser avec un gros pinceau à plume en petit-gris, et en lui faisant décrire un tournoiement continuel. Les fonds doivent se faire avant le coloris du portrait.

Les draperies doivent être exécutées largement en posant la couleur seulement sur les parties lumineuses, puis fondant sur les ombres avec l'excédent de couleur; cette précaution doit être prise surtout pour le vert et le jaune.

Quand on a des bijoux ou autres ornements en or, tels que chaîne, montre, etc., il faut les colorier *au mouillé*, c'est-à-dire avec des couleurs à l'eau. Voici la manière de procéder : Vous passez d'abord sur toute la partie ombrée de la terre de sienne brûlée, et vous mettez sur toutes les autres parties de l'ocre jaune, et vous terminez en mettant les effets de lumière avec du jaune de Naples. Les broderies et galons d'uniformes se font de la sorte; les passepoils se font aussi au mouillé avec du carmin en tablette; les ornements ou accessoires, jaunes ou rouges, tels que les plumets, épaulettes, etc., des militaires, se fond d'abord au mouillé, puis l'on repasse dessus de la même couleur en poudre.

Quand un portrait est terminé au coloris, il faut l'épousseter avec un pinceau du genre de ceux dont les peintres en lettres se servent.

S'il se trouve des petits points noirs dans l'épreuve, on les fera disparaître en les piquant faiblement au moyen d'une aiguille ajustée au bout d'une ente de pinceau.

Les diamants se font avec une grosse aiguille en pointant et tournant d'une manière fixe.

Le collodion se colorie absolument de la même façon; seulement, par sa nature grise, il est loin de donner la fraîcheur de la plaque.

CHAPITRE III

Coloris des épreuves sur verre pour stéréoscope

Les épreuves stéréoscopiques sur verre s'obtiennent tantôt sur albumine, tantôt sur collodion transparent, et, pour leur ôter l'aspect de l'effet de neige qui se produit sur les parties les plus lumineuses, on a recours au coloris, non seulement pour obvier à cet inconvénient, mais encore pour idéaliser la reproduction de la nature.

Ces épreuves se voyant par transparence, il est donc nécessaire de n'employer pour ce genre que des couleurs diaphanes et d'une vivacité de ton se rapprochant des couleurs vitrifiables.

Couleurs transparentes pour le verre

Laque carminée.	Crimson laque.
Laque écarlate.	Scarlet lake.
Laque pourpre.	Purple lake.
Laque jaune.	Yellow lake.
Bleu de Prusse.	Prussian blue.
Vert de Prusse.	Prussian green.
Terre d'Italie brûlée.	Baint italian ochre
Terre d'Italie naturelle.	Roman ochre.
Noir d'ivoire.	Ivory black.

Ces couleurs sont broyées à l'huile et doivent être de préférence enfermées dans des tubes en métal, afin de pouvoir les conserver longtemps et d'éviter qu'elles ne se graissent par le contact de l'air.

Elles se liquéfient à l'essence de térébenthine et au vernis blanc ou copal. Autrefois l'on se servait de l'huile grasse, mais il a été reconnu que ce mode d'emploi avait des inconvénients, entre autres celui de brunir le ton de la couleur.

Pour peindre votre épreuve avec plus d'assurance, vous vous placez derrière un verre dépoli qui vous donne un ton blanc transparent et vous posez vis-à-vis de la grande lumière, soit en fixant votre épreuve le long d'une vitre, soit en l'adaptant sur un chevalet construit pour cela. Ces dispositions terminées, vous mettez sur une palette en porcelaine de la couleur en quantité suffisante, et vous délayez chaque ton au fur et à mesure que vous en avez besoin, avec parties égales d'essence et de vernis, au moyen d'une brosse à tableau en martre. Les pinceaux dont on se sert sont les mêmes que pour la peinture à l'huile.

Lorsque vous avez des personnages à colorier, il faut passer sur l'épreuve un vernis composé de trois parties de térébenthine de Venise et d'une partie d'alcool à 36°. Ce vernis s'applique au moyen d'une brosse plate en martre. Après avoir fait chauffer l'épreuve et le vernis en même temps, vous laissez refroidir et vous coloriez ; par ce moyen vous obtenez des tons de chair uniformes et transparents.

Les tons de chair se font avec de la laque jaune et la laque carminée;

Les carnations, avec les laques carminée et écarlate;

Les cheveux noirs, avec le noir d'ivoire et un peu de laque pourpre;

Les cheveux châtains, avec de la terre d'Italie brûlée;

Les bleus, avec le bleu de Prusse et une pointe de laque carminée : il s'éclaircit en l'employant avec plus d'huile;

Le rouge, avec la laque écarlate; le violet avec la laque pourpre et le bleu de Prusse; le jaune avec la laque jaune;

Les verts, avec le bleu de Prusse et la laque jaune ou le vert de Prusse.

Le fer s'obtient avec le noir et le bleu de Prusse.

Lorsque l'on a des ciels à faire, on détache les nuages avec des boulettes de mie de pain.

CHAPITRE IV

Retouche de la photographie à l'aquarelle, à la gouache et à l'huile

Le portrait en photographie a pris une telle extension depuis quelques années, qu'il est devenu l'objet d'un nouveau travail pour les artistes peintres-portraitistes, qui ont dû rechercher les moyens les plus convenables pour donner la vie qui manque à la photographie, non pas comme forme, mais comme couleur, sans pour cela rien lui ôter de ce qu'elle a de beau et de vrai.

Il y a plusieurs genres de retouches pour la photographie :

1º La retouche en noir qui est celle la plus usitée, pour adoucir les traits durs que peut donner la photographie ou corriger les imperfections qui se trouvent fréquemment dans le papier, ou bien encore pour obvier aux défectuosités qui existeraient sur le cliché.

2º La retouche à l'aquarelle ; ce genre se traite comme celui du lavis, la photographie tenant lieu de teinte neutre.

Nous commencerons par la retouche en noir. Ce genre de travail s'exécute, comme le lavis pour architecture, avec l'encre de Chine additionnée de carmin ou de sépia : les pinceaux sont les mêmes que pour le coloris à l'aquarelle.

Comme souvent il arrive que l'on a des épreuves sur papier albuminé à retoucher, l'on ajoute à son encre de Chine délayée un peu de gomme arabique dissoute dans de l'eau avec du sucre candi. Cette dissolution a pour objet de donner à vos enduits retouchés l'aspect de l'albumine. Toutes les épreuves photographiques étant rarement du même ton, l'on doit, lorsqu'elles sont d'un ton brun-rouge, ajouter à l'encre de Chine un peu de sépia colorée. Lorsqu'elles ont un ton noir violacé, substituez à la sépia colorée de la laque carminée ; pour la quantité à mettre, l'épreuve seule sera votre guide. Les épreuves sur papier salé, qui sont celles le plus goûtées du public à cause de leur rapport avec le ton des gravures, ont souvent besoin du fini de ces dernières et, en raison de cela, demandent un travail sérieux.

Supposons que vous ayez en ce moment un portrait de la sorte à retoucher (vous devez avoir deux épreuves de ce portrait dont une doit servir de guide), vous collez votre épreuve sur une planchette ou sur un fort carton, comme il est indiqué pour le coloris des estampes. Dans le cas où l'épreuve serait sur papier albuminé, il faudrait préalablement la frotter avec de la poudre d'os de seiche. L'épreuve sèche, vous l'encollez avec une liqueur composée de gélatine et d'alun (1). Ces deux ingrédients doivent être fondus dans de l'eau et au bain-marie, en observant d'en mettre fort peu.

(1) Dix centimes de chaque dans demi-litre d'eau.

Cet encollage sec, vous commencez la retouche par la figure, en ayant soin de ne prendre dans votre pinceau que fort peu de couleur, et encore au-dessous du ton que cela vous paraît sur l'épreuve, car la couleur, en séchant, à toujours une tendance à *pousser*. Vous copiez, comme effet, l'épreuve-modèle ; seulement, dans le travail de la figure, il faut pointiller, c'est-à-dire que, plaçant des petits picots les uns à côté des autres, on doit former une teinte plate dans le style de la miniature. Pour faire tourner le visage, vous revenez sur le bord des tempes par quelques petites hachures demi-circulaires en forme d'arêtes ; il en est de même le long du nez et de la mâchoire du côté de l'ombre. Il ne faut jamais mettre de blanc dans les retouches noires, attendu que le blanc, d'un ton cendré et mat, donne par cette raison une lourdeur de ton fort discordante. Le blanc donc ne doit se mettre qu'aux parties figurant le linge, et encore doit-il être mis avec intelligence, sans empâtement ; il faut employer pour cela le blanc de Chine, qui est un blanc fixe possédant beaucoup de corps, et conservant toujours sa fraîcheur.

Les préparatifs pour la retouche à l'aquarelle diffèrent des précédents en ce qu'il faut coller d'abord son épreuve sur le carton qui doit la recevoir définitivement. On prend pour cela du carton Bristol, et l'on colle sa photographie avec de la colle dextrine en l'étendant bien et évitant les grumeaux qui feraient un mauvais effet. Votre épreuve sèche, vous la faites cylindrer et vous l'encollez de la manière indiquée plus haut ; puis délayez vos couleurs sur une palette en porcelaine, en leur donnant l'étendue de la valeur d'une pièce de dix centimes et laissant entre chacune d'elles assez d'intervalle pour qu'elles ne puissent pas se fondre ensemble.

Commencez par passer une teinte de cobalt additionné d'une pointe de laque carminée sur les parties transparentes des ombres formant clair-obscur et aux endroits où la peau a le moins d'épaisseur, laissant voir au travers les veines. Exemple : les paupières inférieures, les veines, les tempes, la cornée de l'œil, la naissance des cheveux, et enfin les ombres des objets blancs ; à mesure que vous placez cette teinte, vous la fondez avec un pinceau propre, à l'état humide seulement.

Maintenant, vous passez sur les chairs un ton local composé d'ocre jaune, de laque carminée, et d'un peu de rouge de Saturne. Lorsque vous appliquez cette teinte, il faut avoir soin de ménager les yeux ; cette opération doit se faire promptement. Votre épreuve étant encore moite, vous mettez légèrement une teinte de laque rose ou carminée sur les joues, à l'intérieur des narines, en longeant le bord extérieur des lèvres, au bout des doigts et sur les bords articulaires de la main.

Cette ébauche faite, vous prenez un ton composé de brun rouge et de laque pourpre que vous mettez en pointillant légèrement sur les parties ombrées. La lèvre supérieure se travaille avec le carmin et un peu de cobalt, la lèvre inférieure avec la laque rose et une pointe de vermillon. Les joues se travaillent aussi en pointillé avec la laque rose, commençant par le plein des pommettes et finissant graduellement jusqu'au coin de la partie supérieure du nez, en forme un peu large d'accent circonflexe renversé. La cavité au-dessus de l'œil se teinte seulement avec de la laque rose et de l'ocre rouge. Il faut avoir soin de bien réserver dans l'œil le point lumineux de la pupille, car de là souvent dépend la ressemblance. La lumière, faisant ressortir l'épaisseur de la paupière inférieure, se fait avec le blanc, la laque carminée et un peu de jaune de Naples. La prunelle, n'importe sa couleur, doit toujours avoir un petit contour du côté de l'ombre ; la pupille doit aussi se dégager vigoureusement sur l'iris, sauf à modifier selon l'intensité du regard. Il est facile de vérifier le rayon lumineux frappant la pupille seulement ; y porter beaucoup d'attention ; cette lumière se dirige du côté éclairé.

Les cheveux s'ébauchent d'abord par une teinte plate ; la barbe de même ; puis on les termine en gouachant un peu, pour mettre des lumières dans le sens de leur arrangement.

Les cheveux blonds se font avec de la sienne naturelle et un peu de brun de Vandyck ; les ombres avec du brun de Vandyck et de l'ocre rouge ; les lumières avec de la sienne naturelle et du blanc.

Les cheveux châtains s'apprêtent avec du brun de Vandyck, de la sienne brûlée et un peu d'ocre jaune, puis se terminent pour les ombres avec du brun de Vandyck et de la sépia colorée, et pour les lumières, avec du brun de Vandyck mêlé de blanc.

Les cheveux noirs s'obtiennent par une teinte plate mélangée de cobalt et de noir ; les lumières, par des blancs, du cobalt et de la sépia colorée, et enfin les ombres, par du brun de Vandyck et du noir.

Quant aux cheveux blancs, il n'y a guère que les ombres à teinter avec un mélange de cobalt et de payne-fixe additionné d'une pointe d'ocre jaune ; cependant, s'il arrivait que la photographie n'ait pas assez indiqué les détails dans les lumières, elles peuvent se faire avec le blanc et le cobalt mélangés ensemble.

Les étoffes noires, ou vêtements, se préparent avec une teinte un peu plus claire, se composant de sépia et de payne-fixe ; cette teinte doit se passer franchement. La teinte préparatoire sèche, vous vous occupez alors de dessiner vos ombres, vos plis, avec du noir et du payne-fixe, en ayant soin de bien les fondre ; sans cela, vous risqueriez d'avoir des taches ; ensuite, vous indiquez les lumières avec les mêmes couleurs que pour l'ombre, sauf qu'il faut plus de payne-fixe mêlé au blanc.

Les vêtements blancs, ainsi que les draperies, se font généralement avec un peu de cobalt et d'ocre jaune que l'on passe seulement sur les ombres et les demi-teintes ; les reflets se font avec des teintes plates plus ou moins fortes d'ocre jaune et de vermillon ; si les blancs représentent de la soie, la naissance des plis, ainsi que les cassures de l'étoffe, doivent s'éclairer avec le blanc de Chine.

Les étoffes grises s'obtiennent généralement avec le cobalt, le payne-fixe, l'ocre jaune et le vert végétal ; on varie la nuance du gris en faisant dominer la couleur qui se rapproche le plus de la teinte que l'on veut imiter. Les viguèurs se font avec les mêmes tons, mélangés en plus forte quantité, et les lumières brillantes en ajoutant le blanc. Pour les autres nuances, nous renvoyons au chapitre du coloris des gravures et des lithographies.

Les bijoux d'or s'imitent avec l'ocre jaune, et les lumières avec le jaune de Naples mis en épaisseur. Les reflets de l'or se font avec de la sienne brûlée dans les ombres, et du rouge de Saturne dans les lumières. L'argent réclame le blanc, le cobalt et l'ocre jaune en petite quantité ; les lumières se font de blanc mis en épaisseur.

Les fonds doivent être très légers de ton, soit qu'on les fasse au lavis, soit qu'on les obtienne au moyen du pastel. Nous ne nous arrêterons pas sur la manière de les faire au lavis, puisque nous avons traité ce sujet dans les premiers paragraphes du livre ; mais il est utile de donner la manière de se servir des pastels offrant l'avantage de pouvoir cacher des taches qui ne pourraient disparaître sous les teintes de l'aquarelle.

La liqueur qui nous a servi à encoller notre épreuve est non seulement destinée à empêcher le papier de boire, mais encore à le rendre propice au travail du pastel; car l'alun, entrant dans sa composition, offre à la surface du papier une rugosité accrochant le pastel.

Le pastel que l'on emploie est celui fabriqué spécialement pour fonds; mais on peut aussi se servir de celui désigné sous le nom de *pastel tendre.* Il s'emploie écrasé avec le doigt, en tournant toujours et en évitant, autant qu'il est possible, d'en mettre sur le personnage. Il faut faire son fond plus clair par en haut en biaisant du côté de l'ombre et accentuer la vigueur du ton par le bas, afin de donner de l'air au sujet. Le fond achevé, vous nettoyez les contours du sujet avec une boulette de mie de pain, et vous terminez en mettant de la gomme dans les plus grandes vigueurs, dans les ombres des cheveux, à la lèvre supérieure, aux sourcils, sur la prunelle, aux narines et dans la cavité des yeux, pour donner de la vigueur et de la fraîcheur.

La retouche à l'huile possède, sur toutes les autres manières, d'immenses avantages : 1º La solidité; 2º la possibilité de se passer de la mise sous verre, dénaturant toujours la valeur des tons. De plus, sa durée égale, par la nature des matières qui en forment la base, les tableaux sur toile ou panneaux exécutés avec ces mêmes produits.

Avant de commencer l'enseignement du mélange des tons, il est utile de nous occuper des matières et objets devant nous servir, pour être initié avant tout à leurs différentes propriétés.

L'huile dont on se sert est de l'huile d'œillette ou de l'huile de lin. La première est préférable; mais, lorsque vous voulez accélérer votre travail, vous remplacez ces huiles par l'huile grasse, qui sèche très promptement. Beaucoup d'artistes emploient aussi, en remplacement de l'huile grasse, le siccatif de Harlem, ne donnant aucune nuance aux couleurs, étant presque incolore.

Pour les pinceaux, il faut les choisir peu ventrus; ils doivent être en martre. On en reconnaît la qualité en les rabaissant du bout avec le doigt; s'ils reprennent leur forme, c'est qu'ils sont bons.

La palette se compose de :

Blanc d'argent.	Ocre de Ru.
Jaune de Naples.	Jaune indien.
Jaune brillant.	Chrome clair.
Ocre jaune.	Chrome foncé.
Ocre rouge.	Bleu de Prusse.
Brun rouge.	Terre de sienne naturelle.
Vermillon.	Terre de sienne brûlée.
Laque de garance rose.	Brun de Prusse.
Laque de garance foncée.	Terre de Cologne.
Carmin brûlé.	Brun composé.
Rouge d'Angleterre.	Noir de pêche.
Bleu de cobalt.	Noir d'ivoire.
Bleu d'outremer.	Vert émeraude.

Blanc d'argent. — Le plus beau et le meilleur. Il sert pour peindre les linges, les ciels, et entre dans la formation des teintes chair.

Jaune de Naples. — L'arsenic contenu en grande quantité dans sa composition fait qu'il décompose le blanc et le vermillon, leur donnant une teinte verdâtre; aussi faut-il le rejeter comme mélange dans les chairs; néanmoins, on peut l'employer pour les effets dans les ombres; il sert aussi à faire les lumières de l'or dans les draperies, et, mélangé avec le bleu de Prusse et l'outremer, il donne d'assez jolis verts tendres.

Ocre jaune. — Est employée dans presque tous les composés; elle est indispensable pour les carnations.

Ocre de Ru. — Entre dans les mélanges qui doivent donner de la vigueur dans les ombres; elle est employée avec succès pour les fonds; il faut éviter de la mélanger avec le blanc, car alors elle pousse au brun.

Jaune indien. — Couleur extrêmement solide. Elle sert à donner de magnifiques tons verts; mélangée au bleu de Prusse, elle est à la peinture à l'huile ce qu'est la gomme-gutte à l'aquarelle; l'on ne peut s'en servir pour empâter; n'ayant pas de corps, elle doit s'employer en glacis; elle est d'un très bon emploi aussi pour les draperies jaunes.

Jaune de chrome clair. — Le chrome est très solide, conserve sa nuance propre, donne de très bons tons aux draperies, et de bons verts pour le paysage.

Jaune de chrome foncé. — Mêmes propriétés que le précédent. Sa teinte se rapproche du ton orange.

Ocre rouge. — Est d'une grande utilité; elle convient bien dans beaucoup de mélanges pour rompre leur crudité.

Brun rouge. — Couleur devant être employée avec ménagement, fournissant beaucoup de brun ; est employée pour les couches sanguines.

Vermillon. — Mélangé avec le blanc d'argent, il donne un ton frais d'une extrême fraîcheur ; il sert à faire les carnations.

Laque de garance rose. — Couleur très fine, se graissant facilement, même dans les tubes qui la renferment ; c'est pourquoi je saisis de nouveau l'occasion d'engager les artistes à ne se servir, autant que possible, que de couleurs anglaises, les tubes les contenant étant beaucoup plus forts que ceux fabriqués en France. Il est prudent de n'y mêler l'huile qu'au moment de s'en servir.

Laque garance foncée. — Cette laque contenant beaucoup de pourpre, on s'en sert pour les parties demandant de la vigueur.

Carmin brûlé. — Couleur d'un ton superbe, vigoureuse et d'une transparence parfaite.

Rouge d'Angleterre. — Ne servant qu'à donner des ombres dans les objets rouges. Cette couleur pourrait être supprimée.

Bleu d'outremer. — Couleur fixe et d'une belle tonalité. Le meilleur bleu d'outremer est celui qui possède la teinte la plus foncée.

Bleu de Prusse. — Allié aux jaunes il donne de très beaux verts.

Brun de Prusse. — On l'obtient en faisant chauffer, dans

une cuillère de fer, du bleu de Prusse ; lorsqu'il tombe en écailles, vous le laissez refroidir et vous le broyez ; il remplace avantageusement le bitume et la sienne naturelle, dont il n'a pas les inconvénients.

Vert émeraude. — Le plus solide et le meilleur de tous les verts ; allié au blanc d'argent, il donne des nuances délicates qui gagnent en vieillissant.

Les autres couleurs n'ayant rien de particulier, nous nous arrèterons là pour nous occuper de l'objet qui nous intéresse. Après avoir mis sur votre palette les couleurs rangées dans l'ordre que j'ai indiqué, vous prenez une brosse moyenne et vous tracez avec du brun rouge tous les principaux traits. Ayez toujours soin, en employant vos couleurs de les tenir à l'état de glacis, afin de leur donner de la transparence. Par ce moyen, vous laissez voir la photographie, point essentiel à observer. Les traits du côté de la lumière doivent être fins ; ceux du côté de l'ombre doivent au contraire être fortement accentués, mais toujours en glacis ; ensuite, vous passez sur les parties éclairées la teinte de carnation composée pour les teints ordinaires d'ocre jaune, de blanc et d'une pointe de vermillon ; pour les ombres, il faut employer des couleurs calcinées en y ajoutant un peu de laque. Composant une teinte chair un peu calcinée et ajoutant de l'ocre rouge, vous en passez dans l'épaisseur des paupières, entre les lèvres, sur les traits qui marquent la bouche, les oreilles ; enfin, tout ce qui vous paraît avoir la teinte sanguine. Ceci fait, vous empâtez les lumières au moyen d'une brosse un peu ferme, avec une teinte d'ocre jaune mélangée de vermillon et beaucoup de blanc. Quoique ce ton soit lumineux, il doit cependant l'être moins que celui que vous voyez dans votre original, attendu qu'il vous serait impossible de pouvoir mettre de plus vives lumières, lorsque vous termineriez votre travail; ces lumières, au reste, ne doivent se poser que lorsque vos chairs sont terminées. Pour les tons d'ombrés, l'on doit employer l'huile grasse, et pour les autres l'huile blanche. Une ébauche doit se faire du premier coup; sans cela, votre peinture serait lourde. Quand des parties sont *embues*, on y remédie en employant le vernis à retoucher.

L'ébauche de la tête terminée, et vos teintes convenablement posées, vous les liez ensemble en prenant des brosses douces, plates, et posant entre chacune d'elles le ton intermédiaire qui vous paraîtra le plus convenable, en commençant par le front pour arriver par degrés au bas de la figure; puis vous prenez un *blaireau* que vous passez avec la plus grande légèreté à la surface de la peinture.

L'ébauche de la figure terminée, vous ébauchez les vêtements, les accessoires et le fond, qui doit être d'un ton uni préférablement, n'absorbant pas, les détails de l'objet principal devant être tout. En outre laissez tout autour du sujet une teinte vaporeuse, afin de lui donner de l'air et par cela même le faire détacher du tableau. Ceci terminé, vous laissez sécher.

Votre premier travail sec, vous le reprenez pour donner les luisants aux lumières. Vous prenez dans vos teintes celles qui ont rapport aux lumières déjà posées, et vous opérez de la façon suivante : les luisants du front, le nez et les narines, la partie supérieure des pommettes, la bouche, le menton, les lèvres, les oreilles, etc. ; enfin tout ce qui est susceptible de recevoir les plus fortes lumières.

Le blanc de l'œil est d'ordinaire jaunâtre ou bleuâtre, jamais d'un blanc pur, se trouvant dans une demi-teinte, provenant de l'ombre projetée de la paupière ; le point visuel ne doit pas être non plus trop blanc ; au surplus, la photographie vous l'enseignera mieux que tout ce que l'on pourrait décrire ici. Le trait marquant les paupières doit être d'une extrême douceur.

Tous ces tons doivent être fondus et non accusés d'une manière sèche.

Quand vous terminez les yeux, vous devez porter beaucoup d'attention ; cette partie du visage est la plus difficile à traiter, puisque c'est de là que dépend principalement la resssemblance. Autour des yeux, la peau étant extrêmement délicate et transparente, vous y appliquez quelques glacis d'un rose bleuâtre ou violâtre. Il faut éviter de donner aux sourcils de la dureté ; pour cela, vous les glacez à leur partie supérieure d'un ton bleuâtre ; vous mettez ce glacis aussi à la naissance des cheveux et au contour extérieur de la figure, ce qui la fait tourner.

Les glacis doivent être composés de couleurs transparentes. Ceux des étoffes légères qui se détachent sur les fonds ne doivent s'appliquer que lorsque ceux-ci sont terminés.

Règle générale, vous devez poser vos couleurs d'une manière hardie, produisant aux regards une espèce de mosaïque; sans cela, vos tons se mélangeraient les uns dans les autres, et votre travail deviendrait non seulement confus, mais, étant sec, se présenterait sous un autre aspect qu'il ne vous aurait paru primitivement.

Le *blanc d'argent* est préférable au blanc de plomb, étant moins susceptible de noircir. Pour *traiter* les vêtements blancs dans les ombres, il faut le mélanger avec du brun de Prusse et de l'outremer que vous additionnez d'ocre. Dans les parties claires, vous supprimez le brun de Prusse et l'outremer et vous ajoutez avec le blanc des ocres, additionnées de laque. Les parties éclairées en reflet se composent avec les tons de l'ombre, et ceux des lumières modifiées par la teinte de l'objet reflété.

Le jaune sombre avec du brun de Prusse et des terres de sienne : les lumières s'obtiennent avec le blanc et l'ocre jaune; les demi-teintes, avec un mélange de brun rouge et de sienne brûlée, ajouté au blanc et à l'ocre jaune.

Le rouge. — Les parties ombrées de rouge se composent avec la sienne brûlée, le noir et les laques carminées, éclatantes ou pourpres; les parties éclairées, avec un mélange de laque et de vermillon; enfin, les parties tout à fait lumineuses se font avec le vermillon ou cinabre, mélangé de blanc et de laque.

Le rose. — Les vigueurs du rose s'obtiennent avec les laques et un point de brun de Prusse; lorsque vous faites les parties claires, qui sont composées de blanc et de laque, il est utile, afin que votre rose soit moins froid, d'y ajouter un peu d'ocre jaune; pour les lumières, vous y ajoutez plus de blanc.

Le violet se fait au moyen des laques, des bleus et des blancs; ses ombres se font avec les laques, les bleus et le brun de Prusse; ses lumières, avec des laques, du bleu et de l'outremer. Pour les reflets, ajoutez, comme pour le rose, une pointe d'ocre.

Le bleu s'obtient avec le bleu d'outremer, du bleu de Prusse et une pointe de laque; les ombres se font de bleu de Prusse, de sienne brûlée, de laque et de blanc, selon que vous désirez avoir une teinte plus ou moins éclatante; les lumières se font en ajoutant au local de votre bleu plus de blanc, et en supprimant la laque.

Le vert. — Les différentes teintes de vert se font avec les bleus et les jaunes, et quelquefois un peu de blanc. Quand c'est un vert clair, il s'obtient avec des bleus et jaunes clairs, et les ombres se font avec du brun de Prusse, du jaune et du bleu.

Le brun se compose de brun de Prusse, de noir, d'ocre rouge et de sienne brûlée; les ombres, en mettant plus de noir et un peu plus de bleu de Prusse; les lumières, avec la teinte locale en ajoutant plus de blanc.

Le noir s'ombre avec du noir, du brun de Prusse et de

la laque; les tons clairs prennent les mêmes couleurs, auxquelles on ajoute du bleu; pour les reflets, on ajoute du jaune clair, du blanc et du brun. Les lumières se font avec du blanc, un peu de noir, du bleu et un peu de laque, et lorsque vos noirs sont secs, vous les glacez avec des laques, des terres et des bleus.

Il faut observer, lorsque l'on fera des fonds, de ne les jamais faire bleus; car, sans cela, vous perdriez complètement l'harmonie de votre portrait.

L'on ne devrait jamais vernir un portrait à l'huile sitôt qu'il est sec; car, malgré le peu de couleur qui doit exister sur votre photographie, cela tend à faire fendiller la peinture; cependant, comme ces portraits se livrent dans un délai fort court, il est donc utile de faire connaître la manière de les vernir.

Pour vernir votre épreuve, vous passez dessus fort délicatement une éponge fine imbibée d'eau fraîche, et vous laissez sécher. Quand l'épreuve est sèche, alors vous prenez une queue de morue et appliquez votre vernis en passant sur tous les sens régulièrement jusqu'à parfaite uniformité. Ce travail doit se faire préférablement à plat.

Le vernis à l'essence est le seul qu'il faut employer; car si plus tard vous aviez besoin de réparer votre peinture, il vous serait facile de le faire avec ce vernis. Si, au contraire, vous aviez employé du vernis à l'alcool, ce travail vous serait impossible, le vernis à l'alcool ne pouvant être enlevé qu'à l'aide de substances corrosives emportant avec elles les détails de la peinture et la fraîcheur du coloris.

Si une photographie retouchée à l'huile et qui a été vernie a subi une altération provenant de l'humidité, de la fumée du charbon de terre ou de celle du tabac, ou enfin d'odeurs pénétrantes qui sont toutes mauvaises pour la peinture (ainsi, par exemple, l'humidité cause d'affreux ravages par la revivification qu'elle donne aux couleurs provenant d'oxydes métalliques); si, dis-je, cette photographie a subi une altération quelconque, vous dévernissez d'abord, en posant votre épreuve à plat et avec un linge imbibé d'eau-de-vie : vous *humectez seulement* votre épreuve, et, au bout de quelques instants, vous lavez avec de l'eau pure, puis vous revenez plusieurs fois, en ayant soin de vous arrêter à temps pour ne pas attaquer votre peinture; vous essuyez ensuite avec un linge fin, et vous examinez s'il reste encore du vernis sur le tableau; vous passez de l'eau pure et, après avoir essuyé, vous laissez bien sécher, et vous vernissez à nouveau, après avoir toutefois retouché ce que vous avez cru en être susceptible.

Si, par des circonstances qu'on ne saurait s'expliquer, il arrivait que ce nettoyage ne remplît pas le but que l'on se proposait, vous feriez dissoudre dans de l'eau de la chaux vive, et vous pourriez l'employer en la décantant.

Les retouches à l'huile non vernies peuvent se nettoyer avec un mélange de deux parties d'esprit rectifié avec une partie d'huile de térébenthine. Un des moyens les plus doux consiste à employer le levain dissous dans l'eau.

Il ne faut pas employer la salive, qui contient de l'acide phosphorique, ce qui est nuisible aux couleurs.

La retouche à l'huile ne se pose pas directement sur la photographie; car le papier, qui a perdu sa colle dans les différentes opérations qu'il a eu à subir, ne pourrait supporter la peinture ; pour cela, vous passez sur votre épreuve un enduit de cire vierge dissoute dans de la benzine, et vous frottez au bout de cinq minutes que cette cire est posée avec un morceau de drap fumant, tampon à vernisseur; puis vous passez à chaud un encollage composé de gélatine fondue dans de l'eau avec un peu de gomme à l'état de sirop, et vous laissez sécher. La colle de peau est encore employée, ainsi que la colle forte claire ; mais le premier mode est préférable à cause de sa blancheur n'altérant en rien les tons de la photographie. Votre encollage doit être très sec avant de commencer à peindre dessus.

FIN

TABLE DES MATIÈRES

CHAPITRE PREMIER

CHAPITRE II

CHAPITRE III

CHAPITRE IV

Imp. de la Soc. de Typ. Noizette, 3, r. Campagne-Première, Paris.

www.ingramcontent.com/pod-product-compliance
Lightning Source LLC
LaVergne TN
LVHW022344170726
843503LV00008B/3544